Impressum
Verlag: BABADADA GmbH, Nedderfeld 112 , 22529 Hamburg
Geschäftsführer / Verlagsleitung: Harald Hof
Druck: Books on Demand GmbH, In de Tarpen 42, 22848 Norderstedt

Imprint
Publisher: BABADADA GmbH, Nedderfeld 112 , 22529 Hamburg, Germany
Managing Director / Publishing direction: Harald Hof
Print: Books on Demand GmbH, In de Tarpen 42, 22848 Norderstedt

sınıf
salǎ de clasǎ

böl
a împǎrţi

186/2

tahta
tablǎ

okul bahçesi
curte a școlii

öğretmen
profesor

kağit
hârtie

yazmak
a scrie

kalem
instrument de scris

masǎ
masǎ de birou

cetvel
riglǎ

kitap
carte

öğrenci
elev

okul çantası
ghiozdan

kalemlik
penar

kurşun kalem
creion

kalem açacağı
ascuţitoare

silgi
radierǎ

çizim defteri
bloc de desen

çizim
desen

resim fırçası
pensulă

boya kutusu
cutie de acuarele

makas
foarfece

tutkal
lipici

alıştırma kitabı
caiet de exerciţii

ödev
temă

12

sayı
numär

2+2

ekle
a aduna

5-2

çıkar
a scădea

2×2

çarp
a multiplica

hesapla
a calcula

A

harf
literă

ABCDEFG HIJKLMN OPQRSTU VWXYZ

alfabe
alfabet

hello

kelime
cuvânt

metin

text

okumak

a citi

tebeşir

cretă

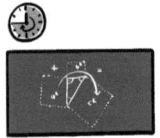

ders

oră

kayıt

catalog

sınav

examen

sertifika

certificat

okul forması

uniformă şcolară

eğitim

educaţie

ansiklopedi

enciclopedie

üniversite

universitate

mikroskop

microscop

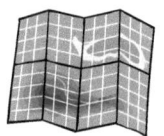

harita

hartă

kağıt çöp kutusu

coş de gunoi

seyahat
călătorie

otel
hotel
Grand
pansiyon
hostel
ROOMS
döviz bürosu
casă de schimb valutar
CHANGE
bavul
valiză
otomobil
autovehicul

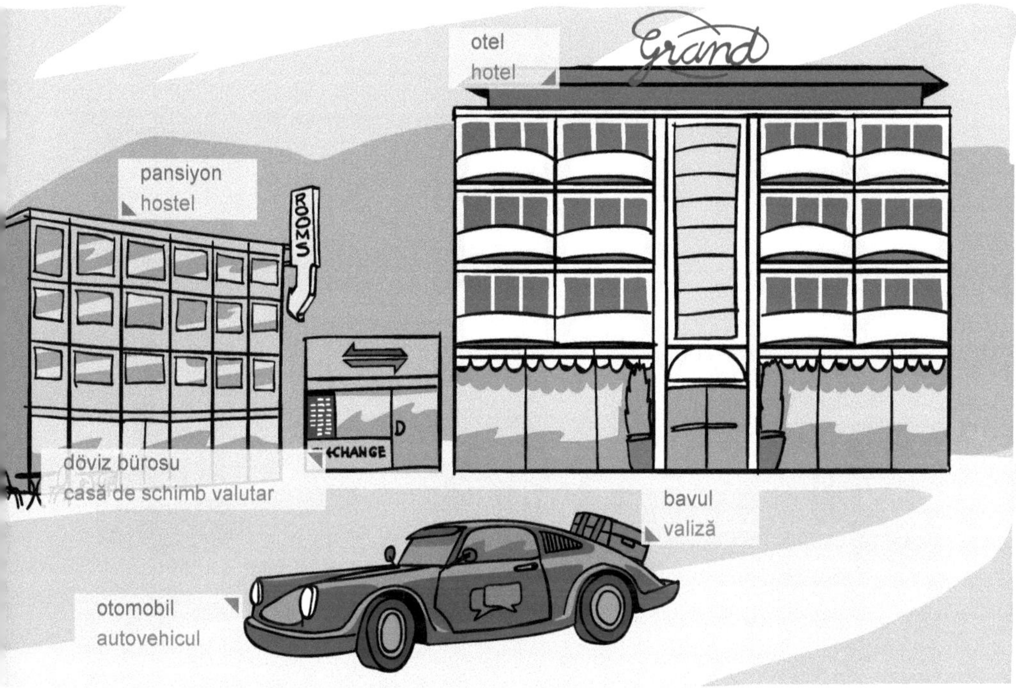

dil

limbă

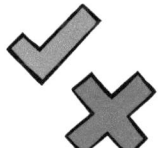

evet / hayır

da/nu

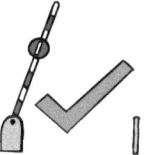

Tamam

okay

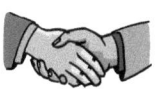

merhaba

Bună!

çevirmen

interpret

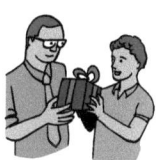

Teşekkür ederim

mulțumesc

bu ... ne kadar?

Cât costă...?

anlamadım

Nu înțeleg

problem

problemă

İyi akşamlar!

Bună seara!

Günaydın!

Bună dimineața!

İyi geceler!

Noapte bună!

güle güle

la revedere

yön

direcție

bagaj

bagaj

çanta

geantă

sırt çantası

rucsac

misafir

oaspete

oda

cameră

uyku tulumu

sac de dormit

çadır

cort

turist danışma

unct de informare turistică

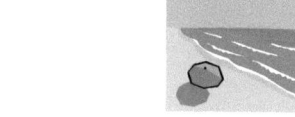

sahil

plajă

kredi kartı

carte de credit

kahvaltı

mic dejun

öğle yemeği

masa de prânz

akşam yemeği

cină

Bilet

bilet de călătorie

asansör

lift

pul

timbru poştal

sınır

graniţă

gümrük

vamă

elçilik

ambasadă

vize

viză

pasaport

paşaport

ulaşım
transport

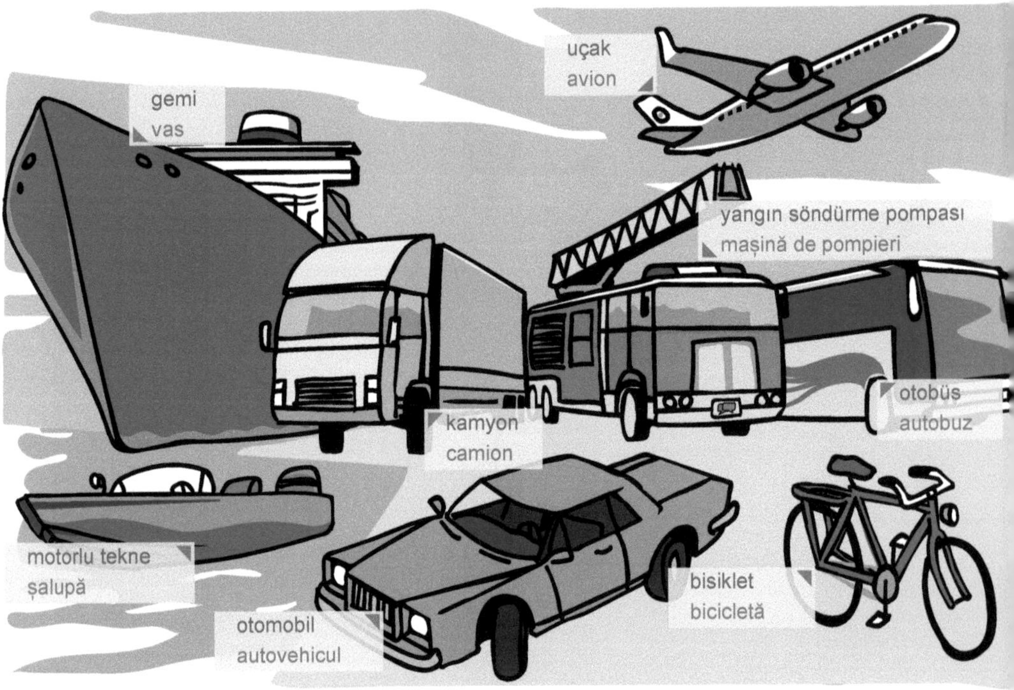
uçak
avion
gemi
vas
yangın söndürme pompası
mașină de pompieri
otobüs
autobuz
kamyon
camion
motorlu tekne
șalupă
bisiklet
bicicletă
otomobil
autovehicul

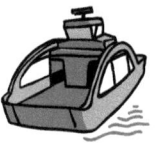

feribot

feribot

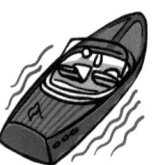

bot

barcă

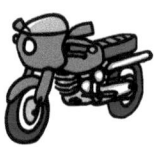

motosiklet

motocicletă

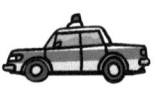

polis arabası

mașină de poliție

yarış arabası

mașină de curse

kiralık araba

mașină închiriată

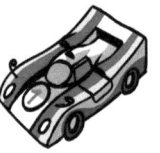

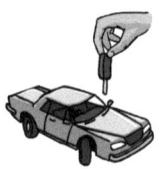

ortak araba
car sharing

çekici
maşină de tractat

çöp kamyonu
maşină de gunoi

motor
motor

yakıt
combustibil

benzinlik
benzinărie

trafik işareti
semn de circulaţie

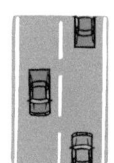

trafik
trafic

trafik sıkışıklığı
ambuteiaj

otopark
parcare

tren istasyonu
gară

ray
şine

tren
tren

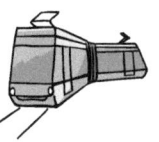

tramvay
tramvai

vagon
vagon

helikopter
elicopter

havaalanı
aeroport

kule
turn

yolcu
pasager

konteyner
container

koli
carton

yük arabası
căruţă

sepet
coş

kalkış / iniş
a decola/a ateriza

şehir
oraş

köy
sat

şehir merkezi
centru

ev
casă

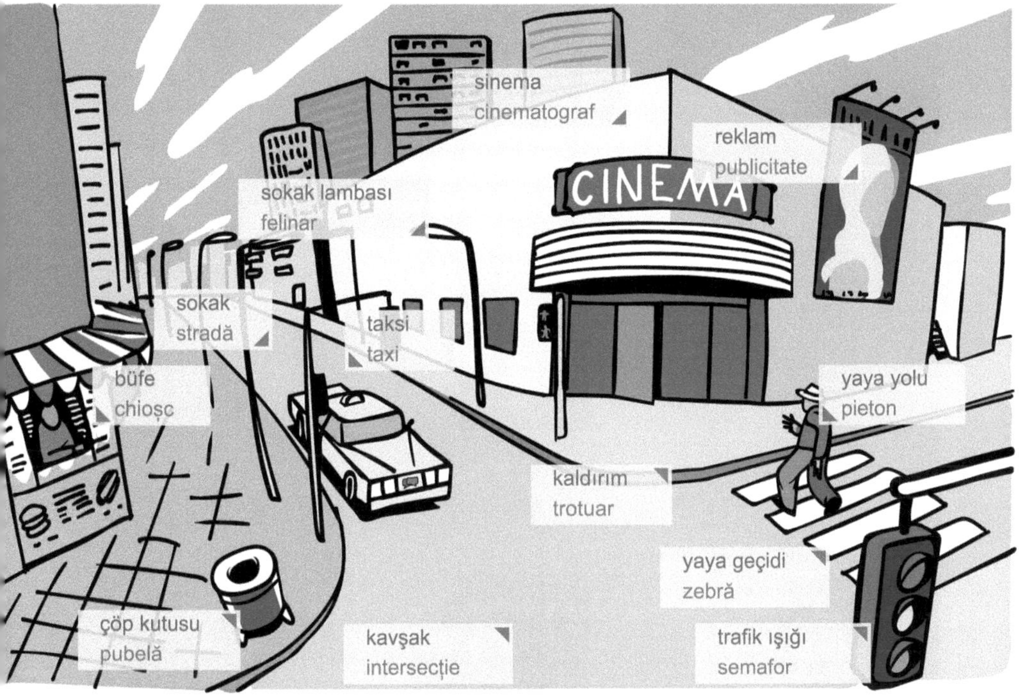

sinema
cinematograf

reklam
publicitate

sokak lambası
felinar

CINEMA

sokak
stradă

taksi
taxi

büfe
chioşc

yaya yolu
pieton

kaldırım
trotuar

yaya geçidi
zebră

çöp kutusu
pubelă

kavşak
intersecţie

trafik ışığı
semafor

kulübe
....
cabană

apartman dairesi
....
apartament

tren istasyonu
....
gară

belediye binası
....
primărie

müze
....
muzeu

okul
....
şcoală

şehir - oraş

üniversite
universitate

banka
bancă

hastane
spital

otel
hotel

eczane
farmacie

ofis
birou

kitapçı
librărie

mağaza
magazin

çiçekçi
florărie

süpermarket
supermarket

market
piață

büyük mağaza
magazin universal

balık satıcısı
comerciant de pește

alışveriş merkezi
centru comercial

liman
port

park

parc

bank

bancă

köprü

pod

merdiven

trepte

metro

metrou

tünel

tunel

otobüs durağı

stație de autobuz

bar

bar

restoran

restaurant

posta kutusu

cutie poștală

sokak tabelası

tăbliță indicatoare cu
numele străzii

otopark sayacı

parcometru

hayvanat bahçesi

grădină zoologică

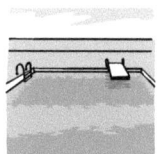

yüzme havuzu

piscină

cami

moschee

çiftlik
gospodărie țărănească

kirlilik
poluare

mezarlık
cimitir

kilise
biserică

oyun alanı
loc de joacă

tapınak
templu

arazi
peisaj

yaprak
frunză

yön tabelası
indicator

yol
drum

çayır
pajiște

taş
piatră

ağaç
copac

yürüyüşçü
drumeț

ırmak
râu

çimen
iarbă

çiçek
floare

vadi
vale

tepe
deal

göl
lac

orman
pădure

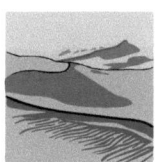

çöl
deşert

volkan
vulcan

kale
castel

gökkuşağı
curcubeu

mantar
ciupercă

palmiye
palmier

sivrisinek
ţânţar

sinek
muscă

karınca
furnică

arı
albină

örümcek
păianjen

böcek

gândac

kurbağa

broască

sincap

veveriță

kirpi

arici

yabani tavşan

iepure

baykuş

bufniță

kuş

pasăre

kuğu

lebădă

yaban domuzu

porc mistreț

geyik

cerb

geyik

elan

baraj

dig

rüzgar türbini

turbină eoliană

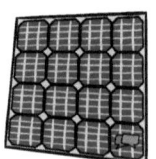

güneş paneli

panou solar

iklim

climă

restoran
restaurant

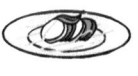

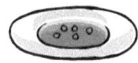

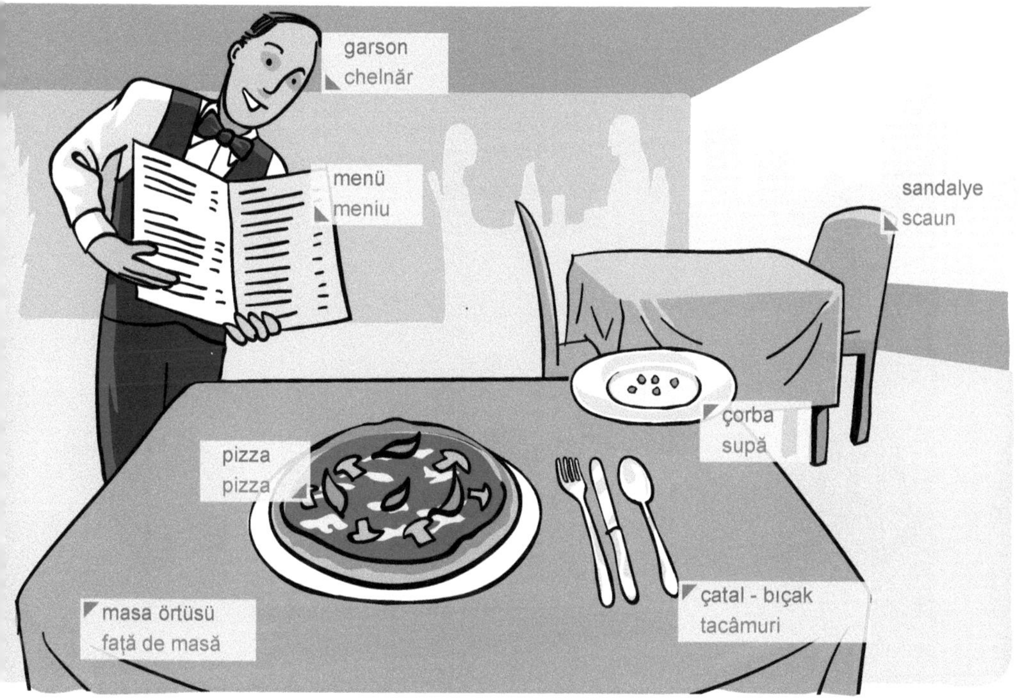
garson
chelnăr
menü
meniu
sandalye
scaun
çorba
supă
pizza
pizza
çatal - bıçak
tacâmuri
masa örtüsü
față de masă

başlangıç

antreu

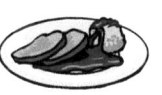

ana yemek

fel principal

tatlı

desert

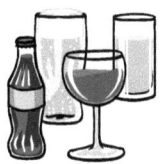

içecekler

băuturi

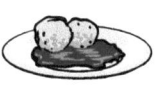

yemek

mâncare

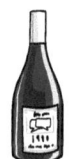

şişe

sticlă

fastfood

fastfood

sokak yemeği

streetfood

çaydanlık

ceainic

şekerlik

zaharniță

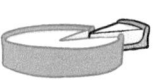

porsiyon

porție

espresso makinesi

espressor

mama sandalyesi

scaun înalt (pentru copii)

fatura

factură

tepsi

tavă

bıçak

cuțit

çatal

furculiță

kaşık

lingură

çay kaşığı

linguriță

servis peçetesi

șervețel

bardak

pahar

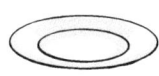

tabak
farfurie

çorba kasesi
farfurie de supă

fincan altlığı
farfurie

sos
sos

tuzluk
solniță

karabiber değirmeni
râșniță de piper

sirke
oțet

yağ
ulei

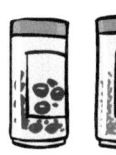

baharat
condimente

ketçap
ketchup

hardal
muștar

mayonez
maioneză

süpermarket

supermarket

özel teklif
ofertă
FOR
müşteri
client
süt ürünleri
produse lactate
meyve
fructe
alışveriş arabası
cărucior de cumpărături

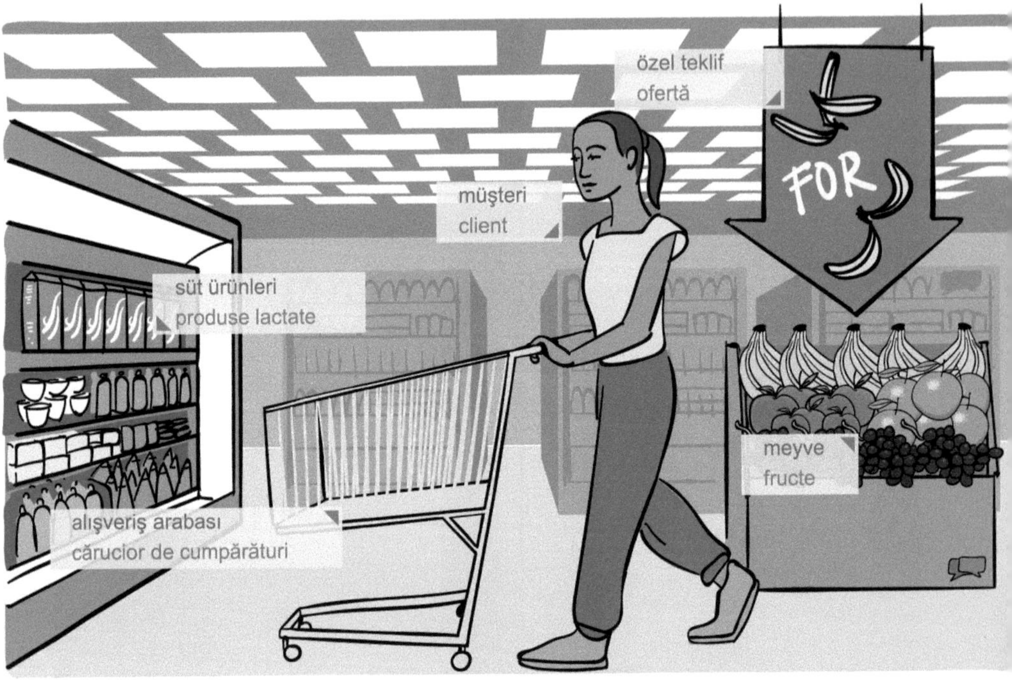

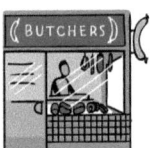

BUTCHERS

kasap

măcelărie

BAKERY

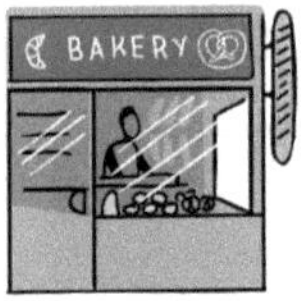

fırın

brutărie

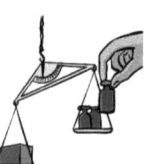

tartmak

a cântări

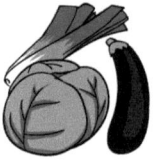

sebze

legume

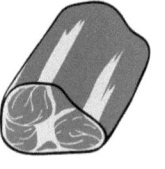

et

carne

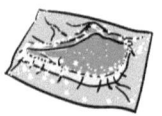

donmuş gıda

alimente refrigerate

söğüş et

ezeluri şi brânzeturi feliate

konserve yiyecek

conserve

toz deterjan

detergent

şekerlemeler

dulciuri

ev temizlik ürünleri

articole de menaj

temizlik ürünleri

produse de curăţenie

satış görevlisi

vânzătoare

yazar kasa

casă

kasiyer

casier

alışveriş listesi

listă de cumpărături

açılış saatleri

orar

cüzdan

portmoneu

kredi kartı

carte de credit

çanta

geantă

plastik poşet

pungă de plastic

su
apă

meyve suyu
suc

süt
lapte

kola
cola

şarap
vin

bira
bere

alkol
alcool

kakao
cacao

çay
ceai

kahve
cafea

espresso
espresso

kapuçino
cappucino

muz

banane

elma

măr

portakal

portocală

kavun

pepene

limon

lămâie

havuç

morcov

sarımsak

usturoi

bambu

bambus

soğan

ceapă

mantar

ciupercă

çerez

nuci

makarna

paste făinoase

spagetti
spagheti

pirinç
orez

salata
salată

cips
cartofi prăjiți

patates kızartması
cartofi țărănești

pizza
pizza

hamburger
hamburger

sandviç
sandwich

şinitzel
șnițel

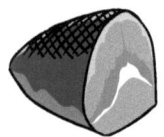

pastırma
șuncă

salam
salam

sosis
cârnați

tavuk
pui

rosto
friptură

balık
pește

yulaf ezmesi

fulgi de ovăz

müsli

musli

mısır gevreği

cereale

un

făină

kruvasan

corn

küçük ekmek

chifle

ekmek

pâine

tost

pâine prăjită

bisküvi

biscuiți

tereyağı

unt

kaymak

brânză de vaci

kek

prăjitură

yumurta

ou

sahanda yumurta

ouă ochiuri

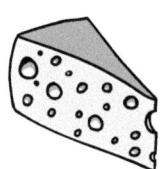

peynir

brânză

dondurma

îngheţată

şeker

zahăr

bal

miere

reçel

marmeladă

fındık ezmesi

cremă nuga

köri

curry

yemek - mâncare

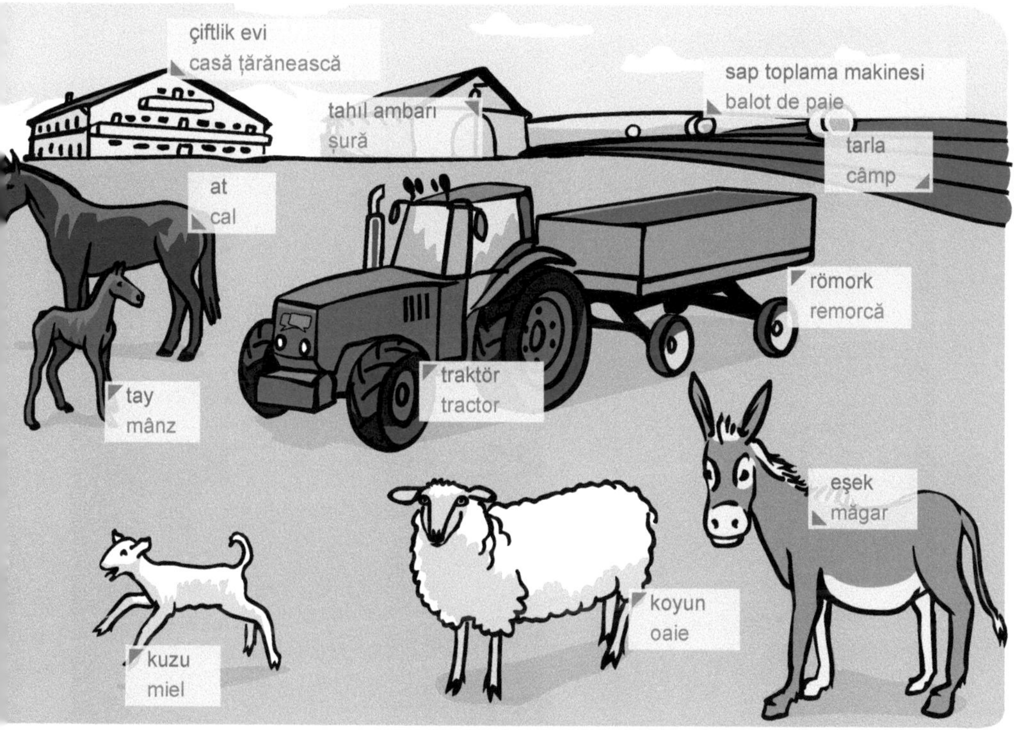

çiftlik evi
casă țărănească

tahıl ambarı
șură

sap toplama makinesi
balot de paie

tarla
câmp

at
cal

römork
remorcă

traktör
tractor

tay
mânz

eșek
măgar

koyun
oaie

kuzu
miel

keçi
capră

inek
vacă

buzağı
vițel

domuz
porc

domuz yavrusu
purcel

boğa
taur

kaz

găină

ördek

rață

civciv

pui

tavuk

găină

horoz

cocoș

sıçan

șobolan

kedi

pisică

fare

șoarece

öküz

bou

köpek

câine

köpek kulübesi

cușcă

bahçe hortumu

furtun de grădină

sulama kabı

stropitoare

tırpan

coasă

pulluk

plug

çiftlik - gospodărie ţărănească

orak

secer훮

çapa

sap훮

dirgen

furc훮

balta

secure

el arabas캇

roab훮

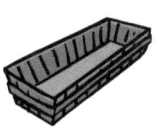

yemlik

troac훮

süt kovas캇

can훮 pentru lapte

çuval

sac

çit

gard

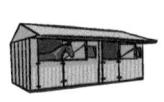

ah캇r

grajd

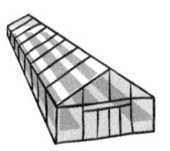

sera

ser훮

toprak

sol

tohum

s훮m훦nţ훮

gübre

fertilizator

biçerdöver

combin훮 de treierat

hasat etmek

a culege

harman

recoltă

tatlı patates

cartof yam

buğday

grâu

soya

soia

patates

cartof

mısır

porumb

kolza

rapiță

meyve ağacı

pom fructifer

manyok

manioc

hububat

cereale

ev

casă

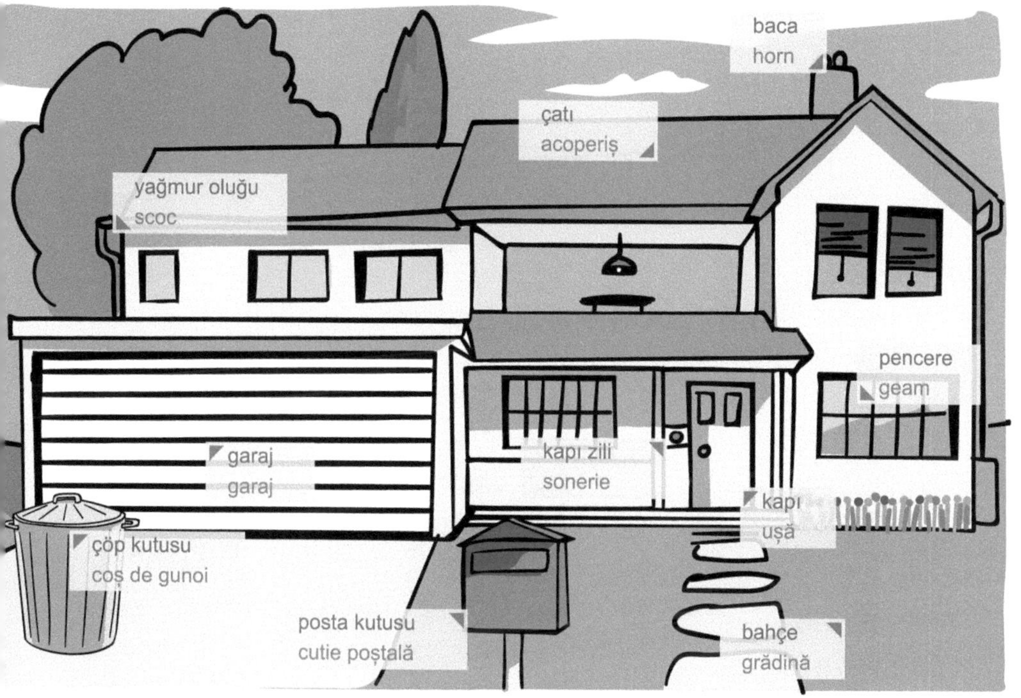
baca
horn
çatı
acoperiș
yağmur oluğu
scoc
pencere
geam
garaj
garaj
kapı zili
sonerie
kapı
ușă
çöp kutusu
coș de gunoi
posta kutusu
cutie poștală
bahçe
grădină

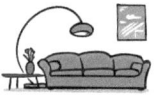

oturma odası

cameră de zi

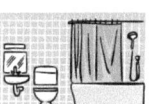

banyo

baie

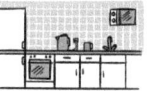

mutfak

bucătărie

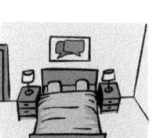

yatak odası

dormitor

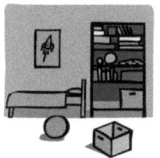

çocuk odası

camera copiilor

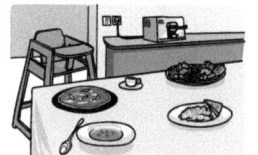

yemek odası

sufragerie

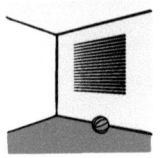

zemin
....
podea

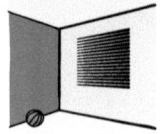

duvar
....
perete

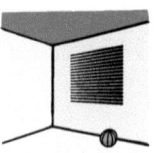

tavan
....
tavan

kiler
....
pivniță

sauna
....
saună

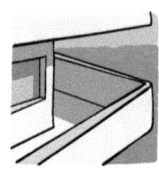

balkon
....
balcon

teras
....
terasă

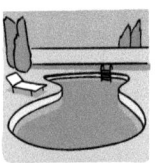

havuz
....
piscină

çim biçme makinesi
....
mașină de tuns iarba

çarşaf
....
cearșaf

yatak örtüsü
....
cuvertură

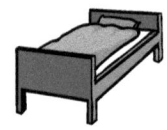

yatak
....
pat

süpürge
....
mătură

kova
....
găleată

anahtar
....
întrerupător

oturma odası
cameră de zi

duvar kağıdı
tapet
resim
pictură
lamba
lampă
raf
raft
dolap
dulap
televizyon
televizor
şömine
șemineu
çiçek
floare
minder
pernă
kanepe
sofa
vazo
vază
uzaktan kumanda
telecomandă

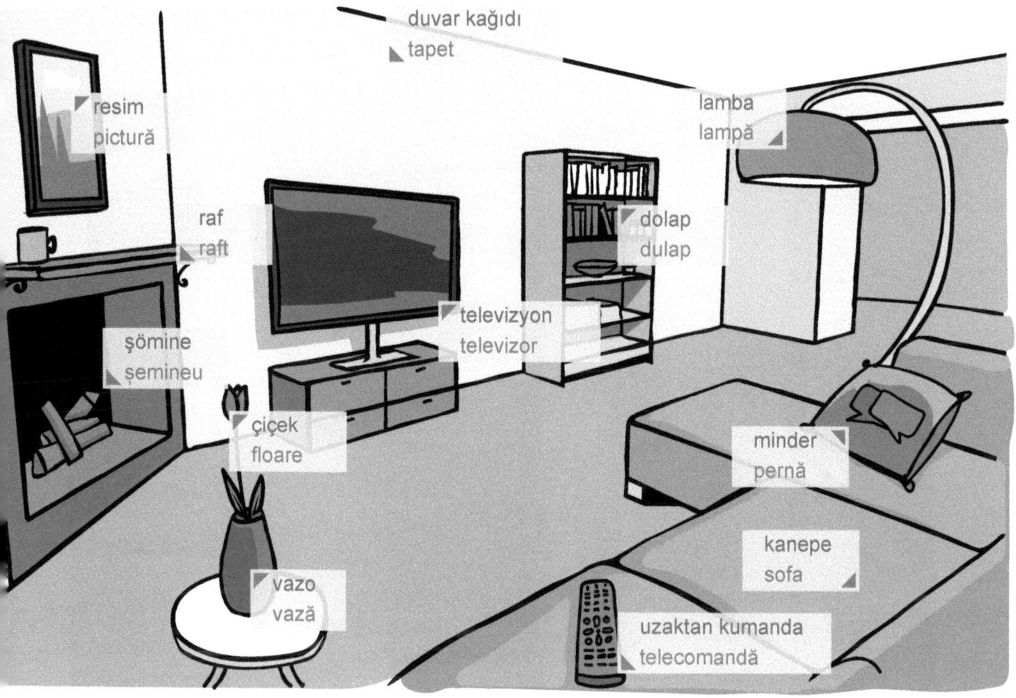

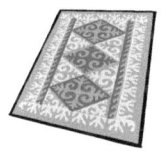

halı
covor

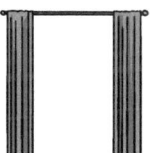

perde
perdea

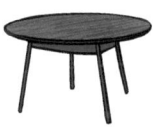

masa
masă

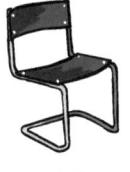

sandalye
scaun

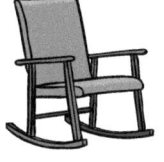

salıncaklı koltuk
balansoar

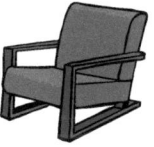

koltuk
fotoliu

kitap
carte

battaniye
pătură

dekor
decoraţiune

odun
lemn de foc

film
film

hi-fi
instalaţie stereo

anahtar
cheie

gazete
ziar

tablo
desen

poster
poster

radyo
radio

defter
caiet de notiţe

elektrikli süpürge
aspirator

kaktüs
cactus

mum
lumânare

mutfak
bucătărie

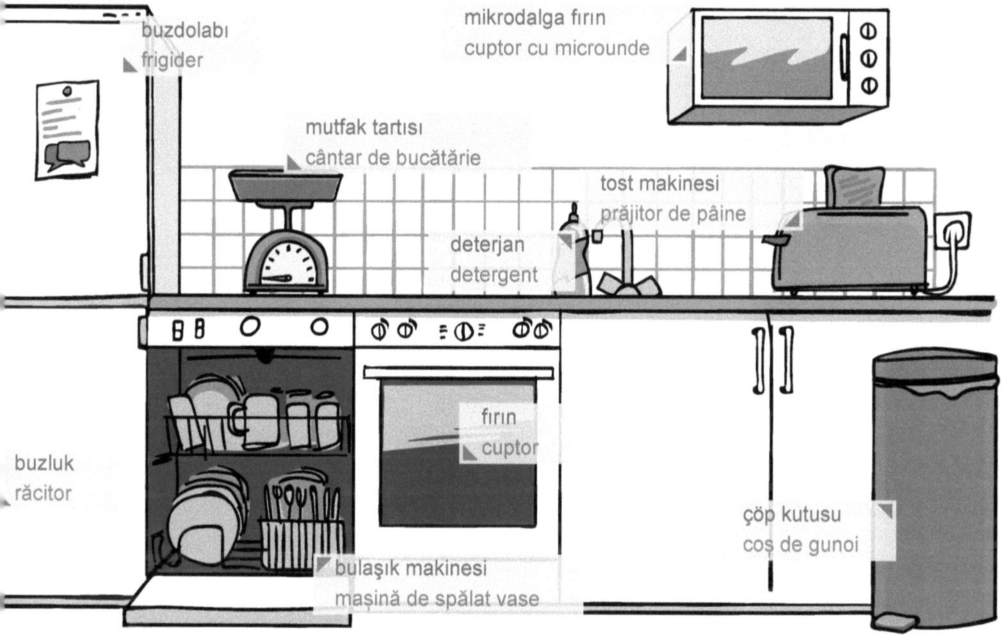
buzdolabı
frigider
mikrodalga fırın
cuptor cu microunde
mutfak tartısı
cântar de bucătărie
tost makinesi
prăjitor de pâine
deterjan
detergent
fırın
cuptor
buzluk
răcitor
çöp kutusu
coş de gunoi
bulaşık makinesi
maşină de spălat vase

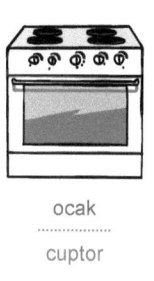

ocak
cuptor

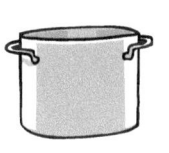

tencere
oală

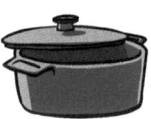

döküm tencere
oală de metal

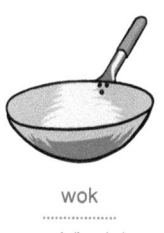

wok
wok/kadai

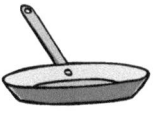

tava
tigaie

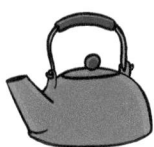

su ısıtıcı
ceainic

buharlı pişirici

oală de gătit cu aburi

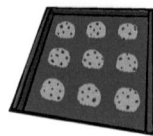

pişirme tepsisi

tavă de copt

tabak takımı

veselă

kupa

pahar

kase

bol

çubuk (çin yemeği)

betişoare

kepçe

polonic

spatula

spatulă

çırpma teli

tel

süzgeç

sită

elek

sită

rende

răzătoare

havan

mojar

barbekü

grătar

açık ateş

loc pentru grătar

kesme tahtası

tocător

merdane

sucitor

tirbüşon

tirbuşon

konserve kutusu

conservă

konserve açacağı

deschizător de conserve

fırın eldiveni

şervete termice

evye

chiuvetă

fırça

perie

sünger

burete

blender

mixer

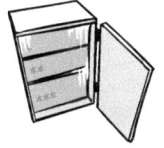

derin dondurucu

ladă frigorifică

biberon

biberon

musluk

robinet

banyo

baie

ısıtma
încălzire
duş
duș
havlu
prosop
duş perdesi
perdea de duș
köpük banyosu
baie cu spumă
küvet
cadă
bardak
pahar
çamaşır makinesi
mașină de spălat
musluk
robinet
fayans
gresie
lazımlık
oală de noapte
evye
chiuvetă

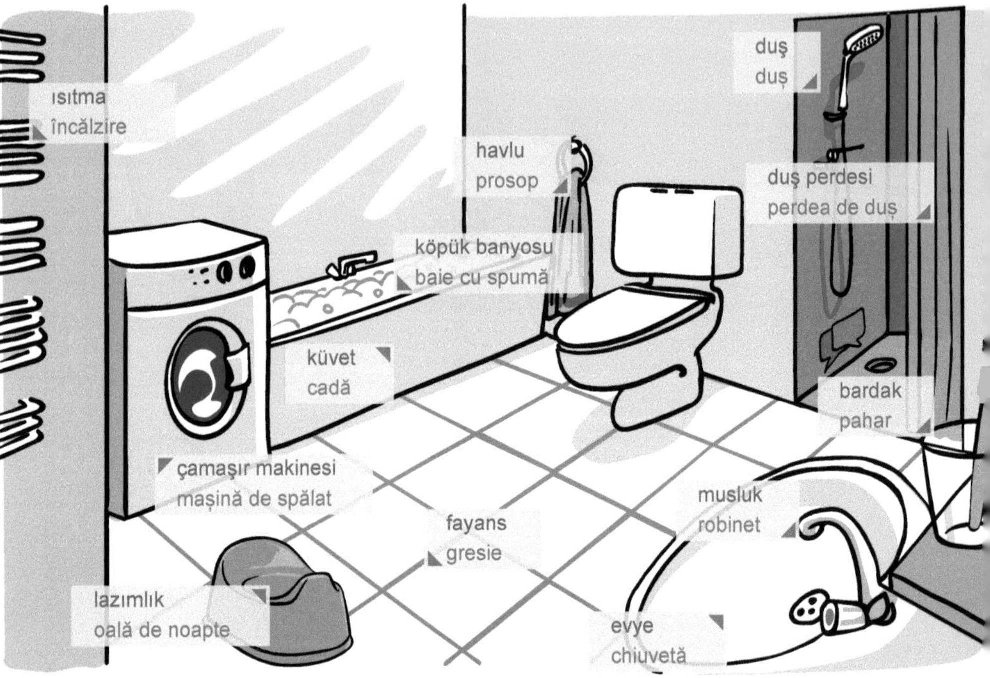

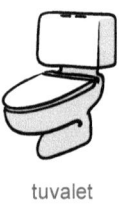

tuvalet

toaletă

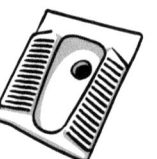

alaturka tuvalet

toaletă turcescă

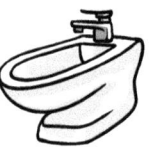

bide

bideu

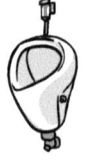

pisuvar

pisoir

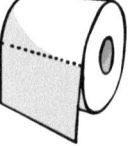

tuvalet kağıdı

hârtie igienică

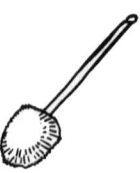

tuvalet fırçası

perie de toaletă

diş fırçası

periuță de dinți

diş macunu

pastă de dinți

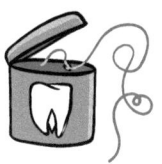

diş ipi

ață dentară

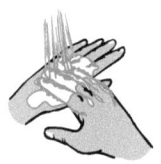

yıkamak

a spăla

duş başlığı

cap de duş

duş başlığı şeklinde taharet musluğu

duş intim

küvet

lavoar

banyo fırçası

perie pentru spate

sabun

săpun

duş jeli

gel de duş

şampuan

şampon

banyo lifi

cârpă de spălat

gider

scurgere

krem

cremă

deodorant

deodorant

ayna

oglindă

el aynası

oglindă cosmetică

jilet

aparat de ras

tıraş köpüğü

spumă de ras

tıraş losyonu

aftershave

tarak

pieptene

fırça

perie

saç kurutma makinesi

uscător de păr

saç spreyi

fixator

makyaj

machiaj

ruj

ruj

tırnak cilası

lac de unghii

pamuk

vată

tırnak makası

foarfece de unghii

parfüm

parfum

makyaj çantası

neseser

tabure

taburet

tartı

cântar

bornoz

halat de baie

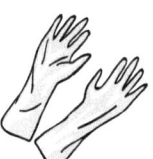

lastik eldiven

mănuși de cauciuc

tampon

tampon

kadın pedi

tampon

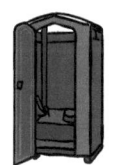

kimyevi tuvalet

toaletă chimică

çocuk odası

camera copiilor

çalar saat
ceas deșteptător
peluş oyuncak
jucărie de pluș
oyuncak araba
mașină de jucărie
çıngırak
morișcă
bebek evi
casă de păpuși
hediye
cadou

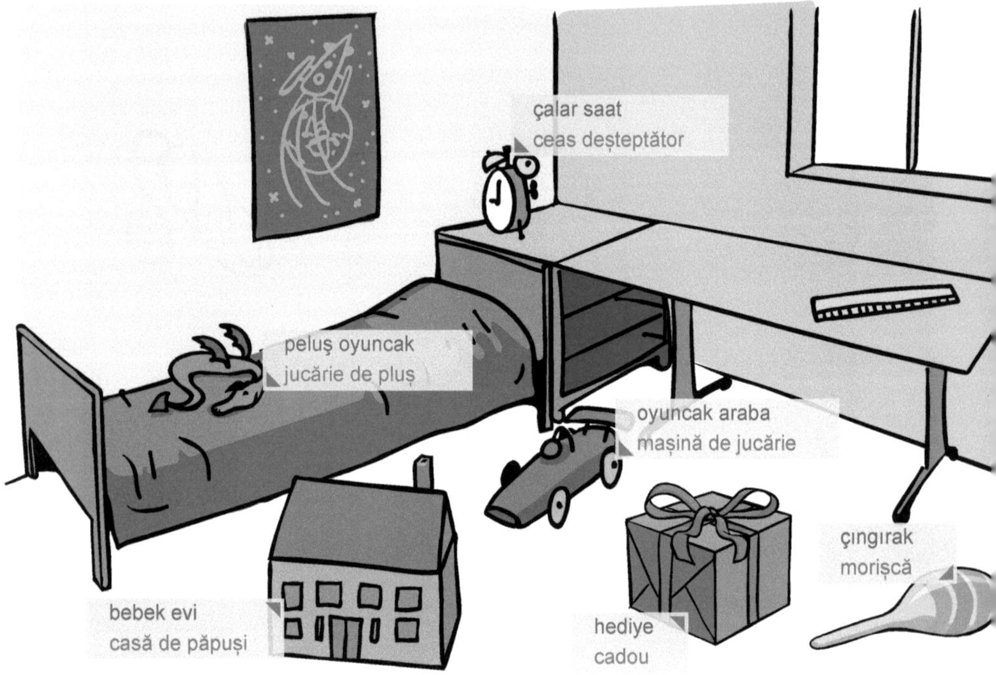

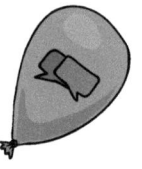

balon

balon

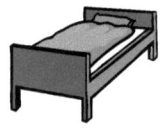

yatak

pat

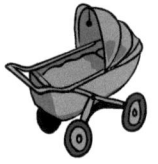

bebek arabası

cărucior de copii

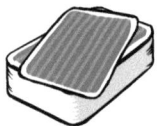

kart destesi

joc de cărți

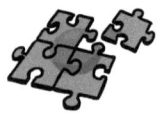

yapboz

puzzle

SUPER
MEGA

çizgi roman

revistă de benzi desenate

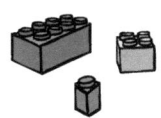

lego tuğlaları

cuburi lego

lego blokları

piese pentru construcții

aksiyon figürü

personaj din filmele de acțiune

zıbın

body

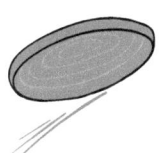

frizbi

frisbee

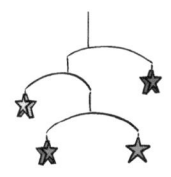

dönence

mobil

masa oyunu

joc de societate

zar

zar

model tren seti

set trenuleț de jucărie

emzik

suzetă

parti

petrecere

resimli kitap

carte cu poze

top

minge

oyuncak bebek

păpușă

oynamak

a se juca

kum havuzu

groapă de nisip

salıncak

leagăn

oyuncaklar

jucării

video oyun konsolu

consolă video

üç tekerlekli bisiklet

tricicletă

oyuncak ayı

ursuleţ

gardırop

dulap

kıyafet
îmbrăcăminte

çorap

şosete

külotlu çorap

ciorapi

tayt

dres

eşarp
şal

şemsiye
umbrelă

tişört
tricou

kemer
curea

bot
cizme

terlik
papuci

spor ayakkabı
pantofi sport

sandalet
sandale

ayakkabı
încălţăminte

lastik çizme
cizme de cauciuc

külot
chilot

sütyen
sutien

yelek
maiou

kıyafet - îmbrăcăminte

dar bluz

body

pantolon

pantaloni

kot pantolon

blugi

etek

fustă

bluz

bluză

gömlek

cămașă

kazak

pulover

süveter

jerseu

blazer

sacou

ceket

jachetă

mont

palton

yağmurluk

pelerină de ploaie

kostüm

costum

elbise

rochie

gelinlik

rochie de mireasă

takım elbise

costum

gecelik

cămașă de noapte

pijama

pijama

sari

sari

baş örtüsü

batic

türban

turban

burka

burka

kaftan

caftan

çarşaf

abaya

mayo

costum de baie

erkek mayosu

șort

șort

pantaloni scurți

eşofman

trening

önlük

șorț

eldiven

mănuși

düğme

nasture

gözlük

ochelari

bilezik

brăţară

kolye

lanţ

yüzük

inel

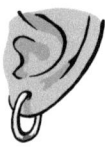

küpe

cercel

kep

căciulă

portmanto

umeraş

şapka

pălărie

kravat

cravată

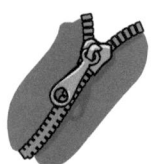

fermuar

fermoar

kask

cască

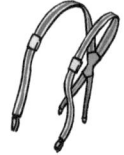

pantolon askısı

bretele

okul forması

uniformă şcolară

üniforma

uniformă

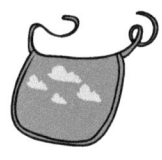

mama önlüğü

bavețică

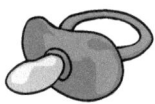

emzik

suzetă

bebek bezi

scutec

ofis
birou

sunucu
server
dosya dolabı
dulap de acte
yazıcı
imprimantă
kağıt
hârtie
monitör
monitor
fare
mouse
masa
masă de birou
klasör
fișier
klavye
tastatură
sandalye
scaun
kağıt çöp kutusu
coș de gunoi
bilgisayar
computer

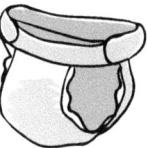

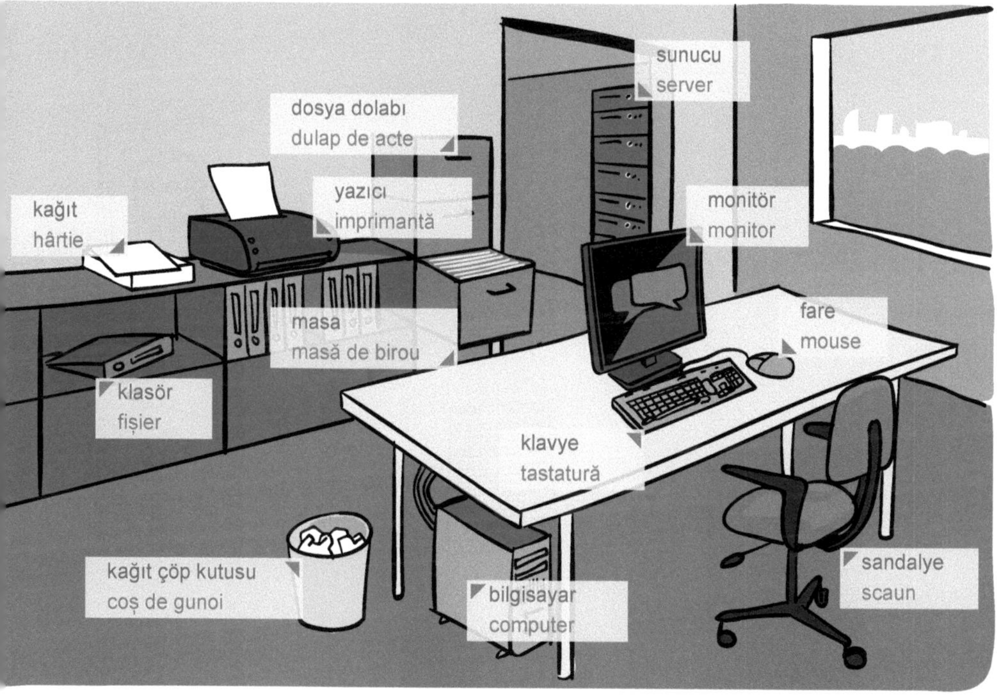

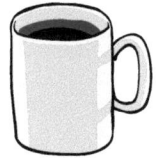

kahve fincanı

ceașcă de cafea

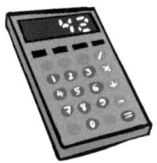

hesap makinesi

calculator

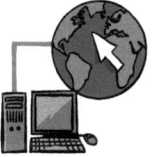

internet

internet

dizüstü

laptop

mektup

scrisoare

mesaj

mesaj

cep telefonu

telefon mobil

ağ

rețea

fotokopi makinesi

copiator

yazılım

software

telefon

telefon

priz

priză

faks makinesi

fax

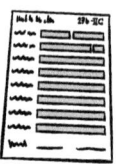

form

formular

belge

document

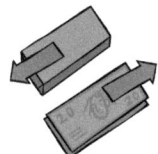

satın almak

a cumpăra

ödemek

a plăti

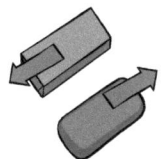

ticaret yapmak

a face comerț

para

bani

dolar

Dolar

avro

Euro

yen

Yen

ruble

Rublă

İsviçre frangı

Franc Elveţian

Çin yuanı

renminbi yuan

rupi

Rupie

kasa

bancomat

döviz bürosu

casă de schimb valutar

altın

aur

gümüş

argint

petrol

petrol

enerji

energie

fiyat

preț

kontrat

contract

vergi

impozit

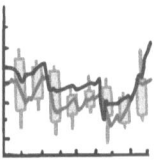

menkul değer

acțiune

çalışmak

a munci

işveren

angajat

işçi

angajator

fabrika

fabrică

mağaza

magazin

meslekler
ocupații

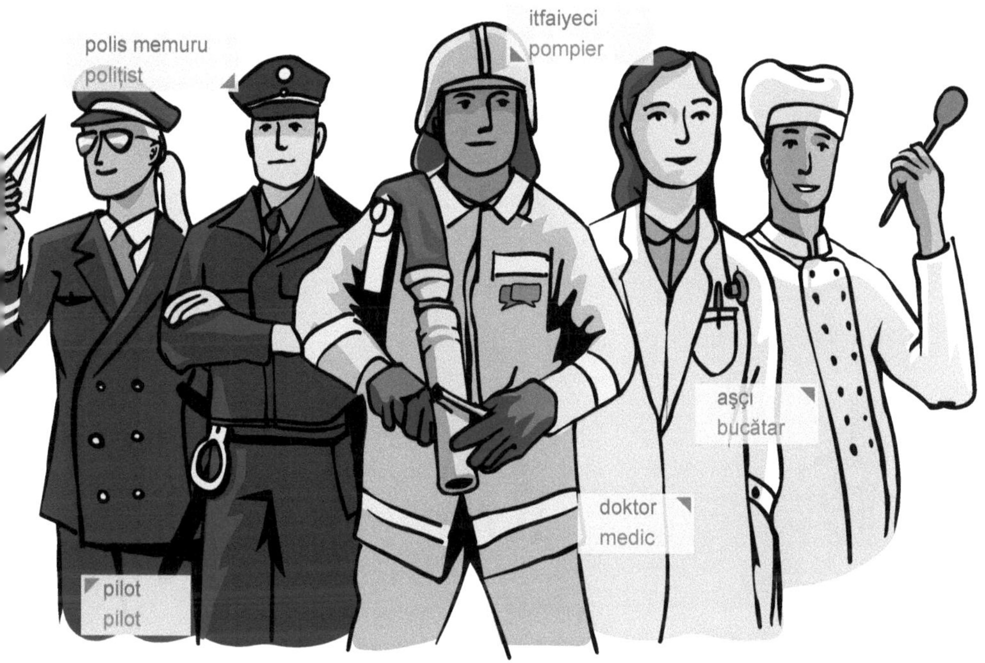

polis memuru
polițist
itfaiyeci
pompier
aşçı
bucătar
doktor
medic
pilot
pilot

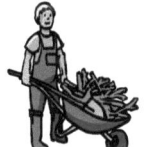

bahçıvan
....
grădinar

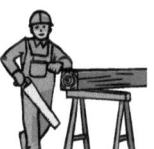

marangoz
....
tâmplar

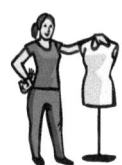

terzi
....
cusătoreasă

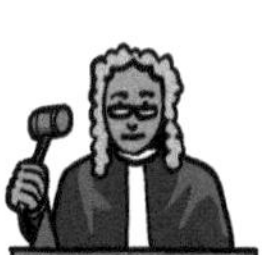

hakim
....
judecător

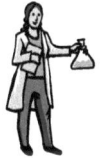

kimyager
....
chimist

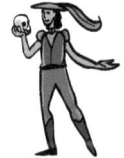

aktör
....
actor

otobüs şoförü

şofer de autobuz

taksi şoförü

şofer de taxi

balıkçı

pescar

temizlikçi

femeie de serviciu

çatı ustası

tinichigiu

garson

chelnăr

avcı

vânător

boyacı

pictor

fırıncı

brutar

elektrikçi

electrician

inşaatçı

muncitor în construcții

mühendis

inginer

kasap

măcelar

muslukçu

instalator

postacı

poștaș

meslekler - ocupații

asker

soldat

mimar

arhitect

kasiyer

casier

çiçekçi

florar

kuaför

frizer

kondüktör

controlor

tamirci

mecanic

kaptan

căpitan

dişçi

stomatolog

bilim insanı

om de ştiinţă

haham

rabin

imam

imam

keşiş

călugăr

rahip

preot

aletler
instrumente

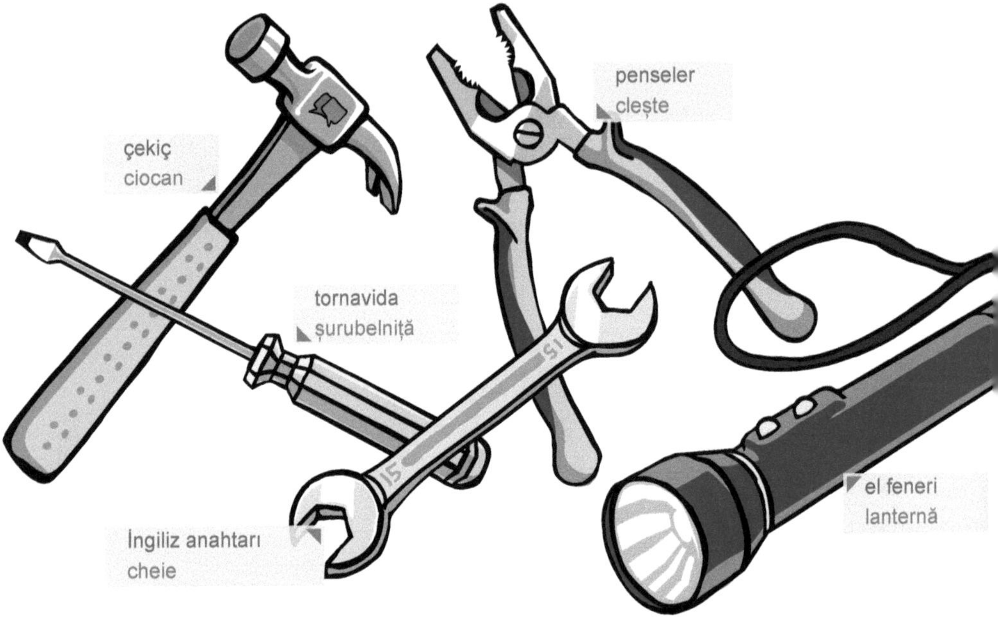

çekiç
ciocan
penseler
cleşte
tornavida
şurubelniţă
İngiliz anahtarı
cheie
el feneri
lanternă

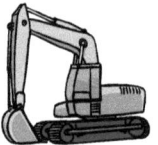

kazı makinesi

excavator

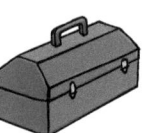

alet çantası

cutie de scule

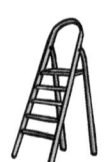

merdiven

scară

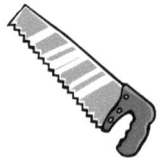

testere

ferăstrău

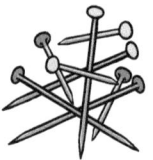

çiviler

cuie

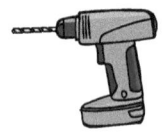

matkap

burghiu

tamir etmek

a repara

kürek

lopată

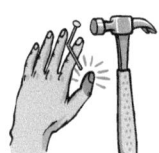

Kahretsin!

La naiba!

faraş

făraş

boya tenekesi

vas pentru vopsea

vidalar

şuruburi

müzik enstrümanı
instrumente muzicale

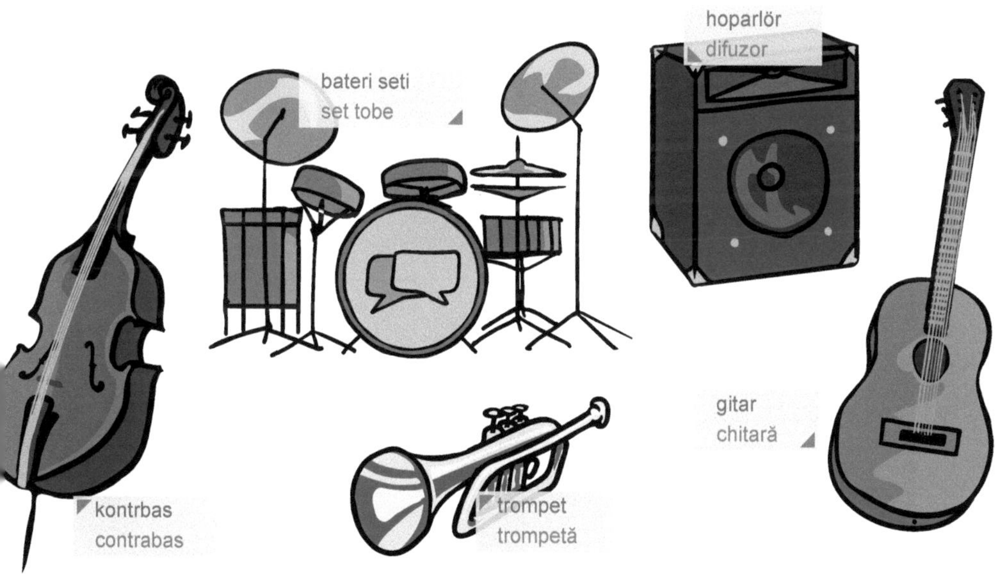

bateri seti
set tobe

hoparlör
difuzor

gitar
chitară

kontrbas
contrabas

trompet
trompetă

piyano
pian

keman
vioară

basgitar
bas

timpani
trombon

bateri
tobă

klavye
keyboard

saksafon
saxofon

flüt
fluier

mikrofon
microfon

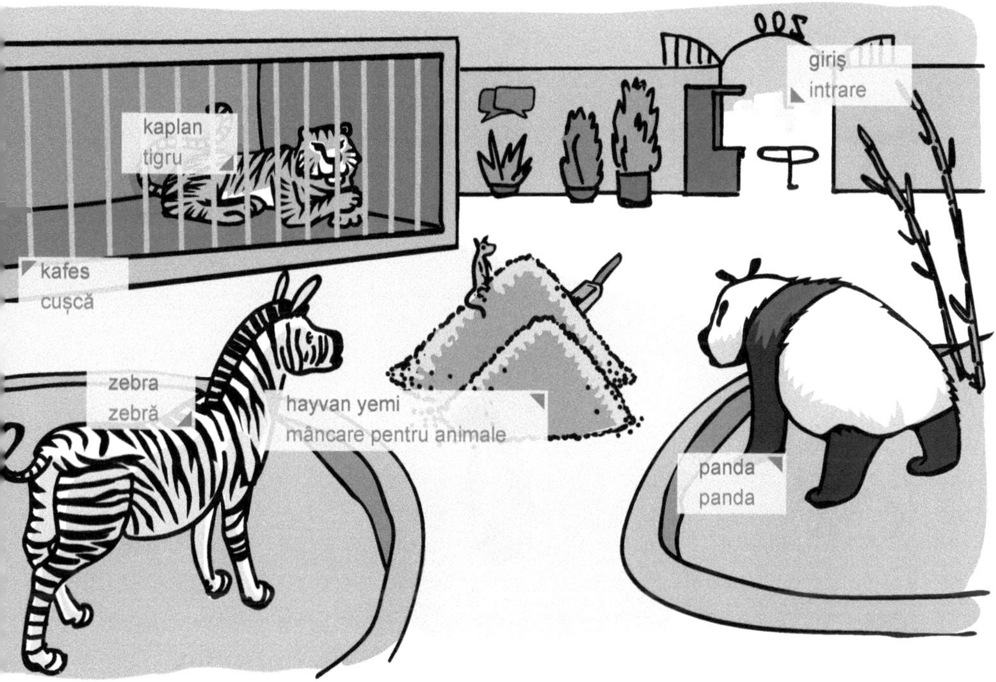

giriş
intrare

kaplan
tigru

kafes
cuşcă

zebra
zebră

hayvan yemi
mâncare pentru animale

panda
panda

hayvanlar
animale

fil
elefant

kanguru
cangur

gergedan
rinocer

goril
gorilă

ayı
urs

deve

cămilă

deve kuşu

struţ

aslan

leu

maymun

maimuţă

flamingo

flamingo

papağan

papagal

kutup ayısı

urs polar

penguen

pinguin

köpek balığı

rechin

tavus kuşu

păun

yılan

şarpe

timsah

crocodil

hayvanat bahçesi görevlisi

îngrijitor grădina zoologică

fok

focă

jaguar

jaguar

midilli atı

ponei

leopar

leopard

su aygırı

hipopotam

zürafa

girafă

kartal

acvilă

yaban domuzu

porc mistreț

balık

pește

kaplumbağa

broască țestoasă

mors

morsă

tilki

vulpe

ceylan

gazelă

amerikan futbolu
fotbal american

bisiklete binme
ciclism

tenis
tenis

basketbol
basketball

yüzme
înot

boks
box

buz hokeyi
hockey pe gheață

futbol
fotbal

badminton
badminton

atletizm
atletism

hentbol
handbal

kayak
schi

polo
polo

etkinlikler
activități

gülmek
a râde
atlamak
a sări
sarılmak
a îmbrățișa
yürümek
a merge
söylemek
a cânta
hayal etmek
a visa
dua etmek
a se ruga
öpmek
a săruta

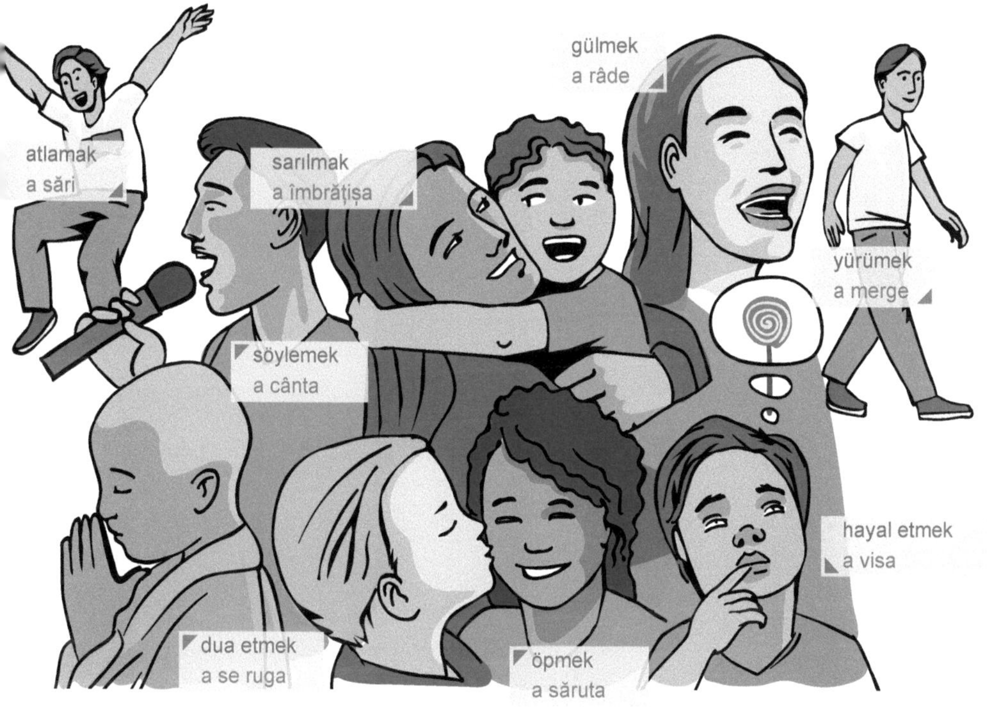

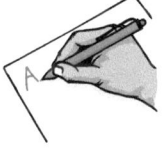

yazmak

a scrie

çizmek

a desena

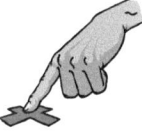

göstermek

a arăta

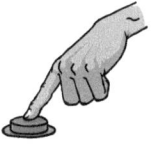

itmek

a împinge

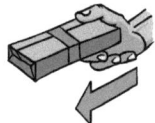

vermek

a da

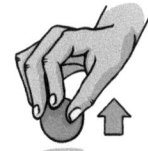

almak

a lua

sahip olmak

a avea

yapmak

a face

olmak

a fi

ayakta durmak

a sta în picioare

koşmak

a fugi

çekmek

a trage

atmak

a arunca

düşmek

a cădea

yalan söylemek

a sta întins

beklemek

a aștepta

taşımak

a purta

oturmak

a ședea

giyinmek

a se îmbrăca

uyumak

a dormi

uyanmak

a se trezi

bakmak

a privi

ağlamak

a plânge

vurmak

a mângâia

taramak

a se pieptăna

konuşmak

a vorbi

anlamak

a înţelege

sormak

a întreba

dinlemek

a asculta

içmek

a bea

yemek

a mânca

düzenlemek

a face ordine

sevmek

a iubi

pişirmek

a găti

sürmek

a conduce

uçmak

a zbura

denize açılmak

a naviga

hesapla

a calcula

okumak

a citi

öğrenmek

a învăța

çalışmak

a munci

evlenmek

a se căsători

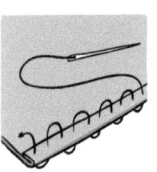

dikmek

a coase

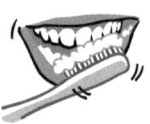

diş fırçalamak

a se spăla pe dinți

öldürmek

a ucide

sigara içmek

a fuma

yollamak

a trimite

büyükanne / bunică

büyükbaba / bunic

baba / tată

anne / mamă

bebek / bebeluş

kız / soră

oğul / fiu

misafir

oaspete

teyze

mătuşă

amca

unchi

erkek kardeş

frate

kız kardeş

soră

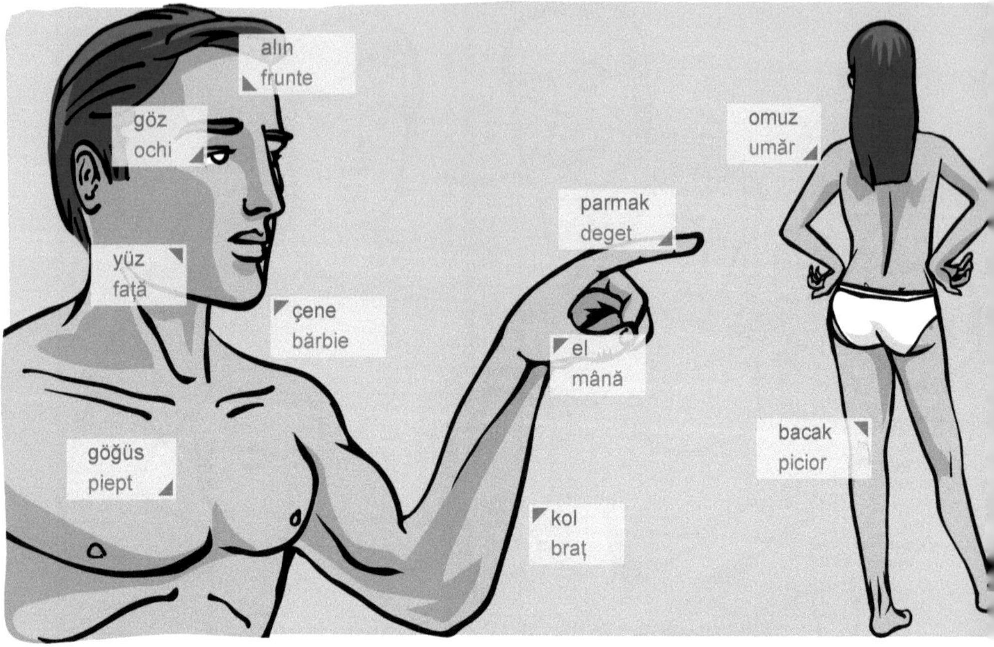

alın
frunte

göz
ochi

omuz
umăr

parmak
deget

yüz
fаţă

çene
bărbie

el
mână

göğüs
piept

bacak
picior

kol
braţ

bebek
bebeluş

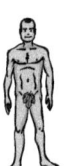

adam
bărbat

kadın
femeie

kız
fată

erkek çocuk
băiat

baş
cap

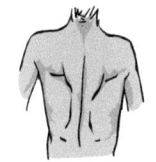

sırt

spate

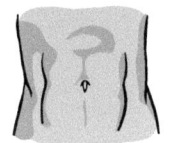

karın

abdomen

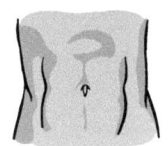

göbek

ombilic

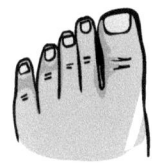

ayak parmağı

deget de la picior

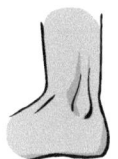

topuk

călcâi

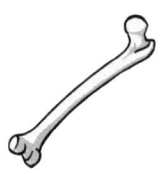

kemik

os

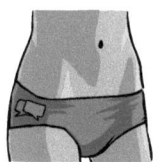

kalça

șold

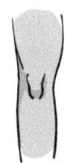

diz

genunchi

dirsek

cot

burun

nas

kalça

fund

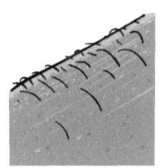

deri

piele

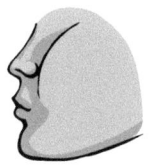

yanak

obraz

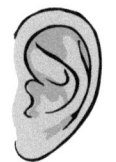

kulak

ureche

dudak

buză

ağız
gură

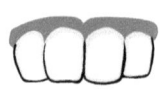

diş
dinte

dil
limbă

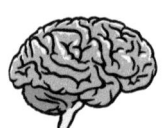

beyin
creier

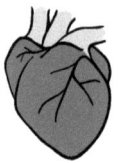

kalp
inimă

kas
mușchi

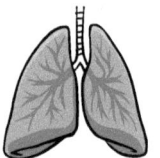

akciğer
plămân

karaciğer
ficat

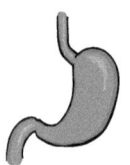

mide
stomac

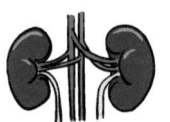

böbrekler
rinichi

seks
sex

prezervatif
prezervativ

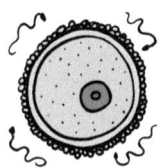

yumurtalık
ovul

sperm
spermă

hamilelik
sarcină

vücut - corp

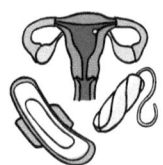

regl
....
menstruație

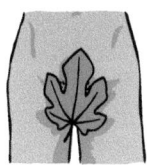

vajina
....
vagin

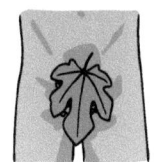

penis
....
penis

kaş
....
sprânceană

saç
....
păr

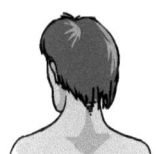

boyun
....
gât

hastane
spital

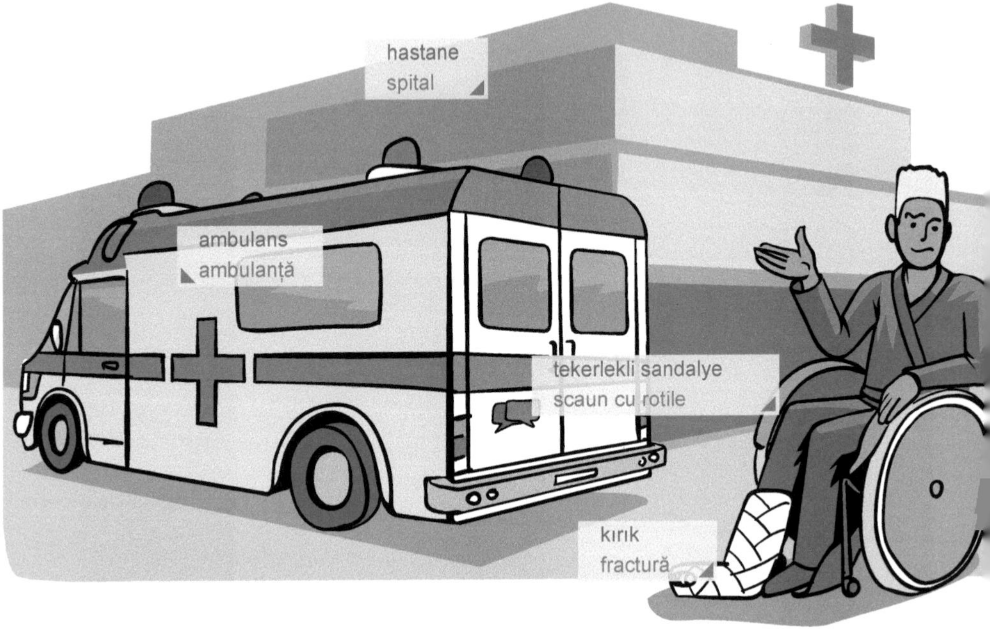

hastane
spital
ambulans
ambulanță
tekerlekli sandalye
scaun cu rotile
kırık
fractură

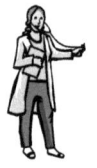

doktor

medic

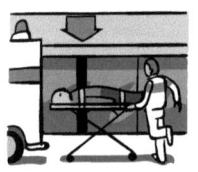

acil servis

unitate de primiri urgențe

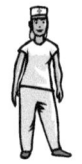

hemşire

soră medicală

acil

urgență

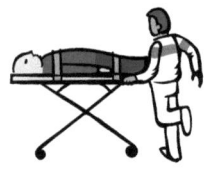

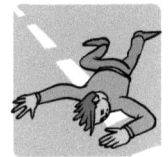

baygın

inconștient

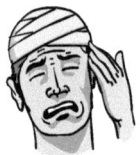

acı

durere

yaralanma

leziune

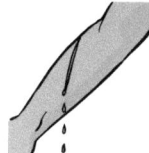

kanama

sângerare

kalp krizi

infarct miocardic

felç

atac cerebral

alerji

alergie

öksürük

tuse

ateş

febră

grip

gripă

ishal

diaree

baş ağrısı

durere de cap

kanser

cancer

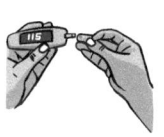

şeker hastalığı

diabet

cerrah

chirurg

neşter

scalpel

operasyon

operaţie

bilgisayarlı tomografi

CT

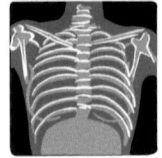

röntgen

raze Röntgen

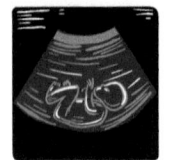

ultrason

ultrasunet

yüz maskesi

mască

hastalık

boală

bekleme odası

sală de așteptare

koltuk değneği

cârjă

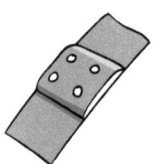

yara bandı

plasture

bandaj

bandaj

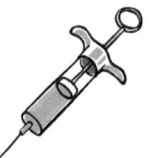

enjeksiyon

injecție

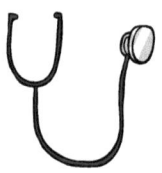

steteskop

stetoscop

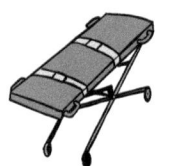

sedye

targă

tıbbi termometre

termometru

doğum

naștere

fazla kilo

supraponderabilitate

işitme cihazı

aparat auditiv

dezenfektan

dezinfectant

enfeksiyon

infecție

virüs

virus

HIV / AIDS

HIV/SIDA

ilaç

medicină

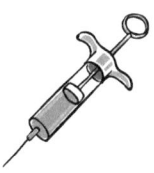

aşı

vaccin

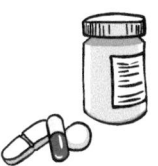

tablet

tablete

hap

pastilă

acil çağrı

apel de urgență

tansiyon aleti

aparat de măsurare a
presiunii arteriale

hasta / sağlıklı

bolnav/sănătos

İmdat!
Ajutor!

alarm
alarmă

darp
agresiune

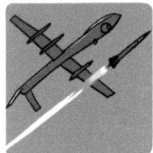

saldırı
atac

tehlike
pericol

acil çıkış
ieşire de urgenţă

Yangın!
Foc!

yangın tüpü
extinctor

kaza
accident

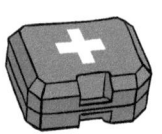

ilk yardım çantası
trusă de prim-ajutor

imdat
SOS

polis
poliţie

Avrupa

Europa

Kuzey Amerika

America de Nord

Güney amerika

America de Sud

Afrika

Africa

Asya

Asia

Avustralya

Australia

Atlantik

Altantic

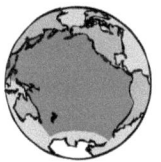

Pasifik

Pacific

Hint Okyanusu

Oceanul Indian

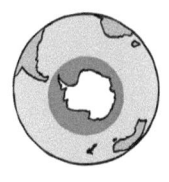

Antarktika Okyanusu

Oceanul Antarctic

Arktik Okyanusu

Oceanul Arctic

Kuzey Kutbu

Polul Nord

Güney Kutbu

Polul Sud

Antarktika

Antarctica

dünya

pământ

kara

țară

deniz

mare

ada

insulă

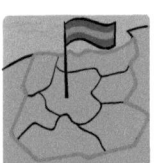

ulus

națiune

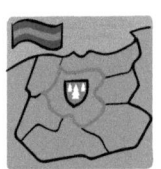

ülke

stat

kadran

cadran

akrep

orar

yelkovan

minutar

saniye ibresi

secundar

Saat kaç?

Cât e ceasul?

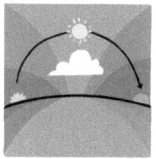

gün

zi

zaman

timp

şimdi

acum

dijital saat

cead digital

dakika

minut

saat

oră

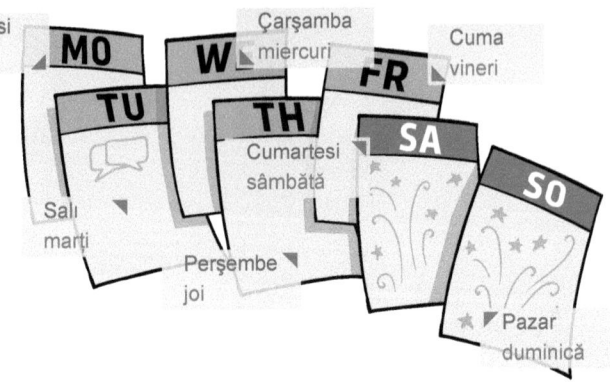

Pazartesi / luni — MO

Çarşamba / miercuri — W

Cuma / vineri — FR

TU

TH — Cumartesi / sâmbătă

SA

Salı / marti

Perşembe / joi

SO

Pazar / duminică

dün

ieri

bugün

azi

yarın

mâine

sabah

dimineaţă

öğle

amiază

akşam

seară

MO	TU	WE	TH	FR	SA	SU
1	2	3	4	5	6	7
8	9	10	11	12	13	14
15	16	17	18	19	20	21
22	23	24	25	26	27	28
29	30	31	1	2	3	4

iş günleri

zile lucrătoare

MO	TU	WE	TH	FR	SA	SU
1	2	3	4	5	6	7
8	9	10	11	12	13	14
15	16	17	18	19	20	21
22	23	24	25	26	27	28
29	30	31	1	2	3	4

hafta sonu

week-end

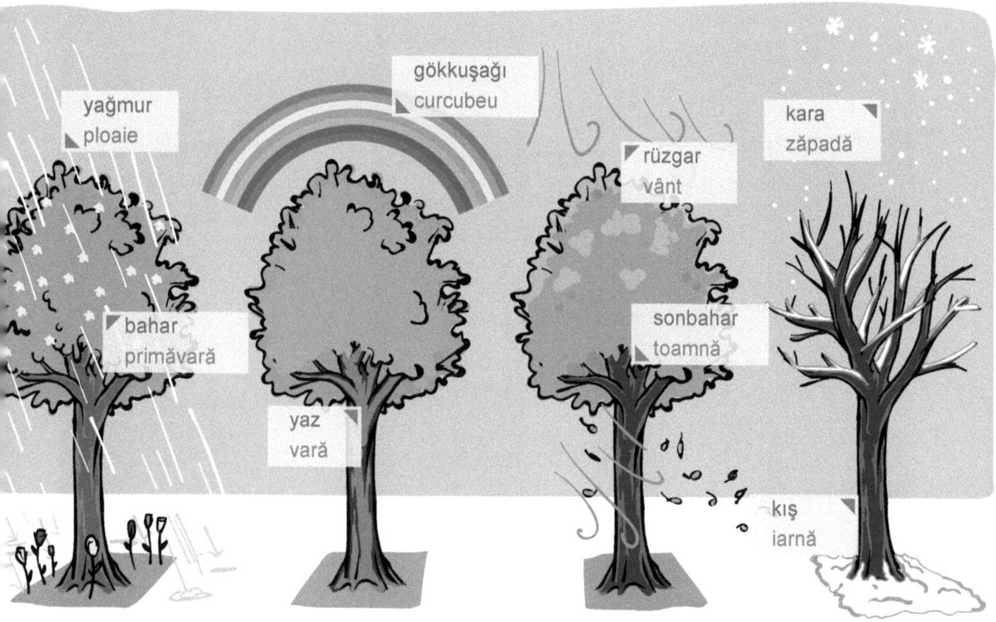
yağmur
ploaie
gökkuşağı
curcubeu
rüzgar
vânt
kara
zăpadă
bahar
primăvară
yaz
vară
sonbahar
toamnă
kış
iarnă

4.APRIL 11°
5.APRIL 4°
6.APRIL 13°
7.APRIL 8°
8.APRIL 10°

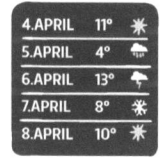

hava durumu tahmini

prognoză meteo

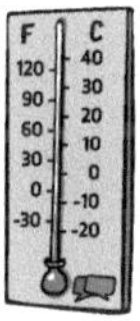
F
C
120
90
60
30
0
-30
40
30
20
10
0
-10
-20

termometre

termometru

güneş ışığı

lumina soarelui

bulut

nor

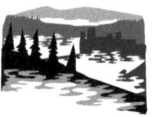

sis

ceață

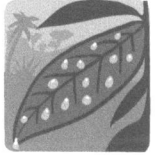

nem

umiditate a aerului

şimşek
fulger

gök gürültüsü
tunet

fırtına
furtună

dolu
grindină

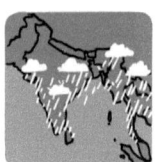

muson
muson

sel
inundație

buz
gheață

Ocak
ianuarie

Şubat
februarie

Mart
martie

Nisan
aprilie

Mayıs
mai

Haziran
iunie

Temmuz
iulie

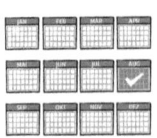

Ağustos
august

Eylül
....
septembrie

Ekim
....
octombrie

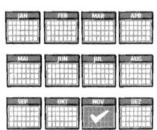

Kasım
....
noiembrie

Aralık
....
decembrie

şekiller
forme

daire
....
cerc

kare
....
pătrat

dikdörtgen
....
dreptunghi

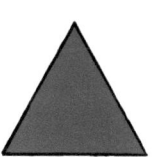

üçgen
....
triunghi

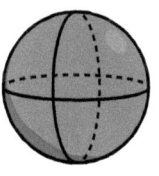

küre
....
sferă

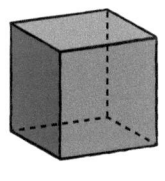

küp
....
cub

beyaz

alb

sarı

galben

turuncu

portocaliu

pembe

roz

kırmızı

roşu

mor

violet

mavi

albastru

yeşil

verde

kahverengi

maro

gri

gri

siyah

negru

çok / az

mult/puțin

kızgın / sakin

furios/calm

güzel / çirkin

frumos/urât

başlangıç / son

început/sfârșit

büyük / küçük

mare/mic

parlak / karanlık

luminos/întunecat

kek kardeş / kız kardeş

frate/soră

temiz / kirli

curat/murdar

tamam / eksik

complet/incomplet

gün / gece

zi/noapte

ölü / canlı

mort/viu

geniş / dar

lat/strâmt

yenilebilir / yenilemez

comestibil/necomestibil

kötü / iyi

rău/prietenos

heyecanlı / sıkılmış

emoţionat/plictisit

şişman / zayıf

gras/slab

ilk / son

primul/ultimul

dost / düşman

prieten/inamic

dolu / boş

plin/gol

sert / yumuşak

tare/moale

ağır / hafif

greu/uşor

açlık / susuzluk

foame/sete

hasta / sağlıklı

bolnav/sănătos

yasa dışı / yasal

ilegal/legal

zeki / aptal

inteligent/stupid

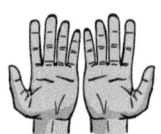

sol / sağ

stânga/drepta

yakın / uzak

aproape/departe

zıt anlamlılar - antonime

yeni / kullanılmış

nou/uzat

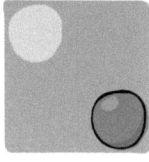

hiçbir şey / bir şey

nimic/ceva

yaşlı / genç

bătrân/tânăr

açma / kapama

pornit/oprit

açık / kapalı

deschis/închis

sessiz / gürültülü

încet/tare

zengin / fakir

bogat/sărac

doğru / yanlış

corect/fals

pürüzlü / düz

aspru/neted

üzgün / mutlu

trist/fericit

kısa / uzun

lung/scurt

yavaş / hızlı

încet/repede

ıslak / kuru

ud/uscat

sıcak / serin

cald/rece

savaş / barış

război/pace

zıt anlamlılar - antonime

0	**1**	**2**
sıfır	bir	iki
zero	unu	doi

3	**4**	**5**
üç	dört	beş
trei	patru	cinci

6	**7**	**8**
altı	yedi	sekiz
şase	şapte	opt

9	**10**	**11**
dokuz	on	on bir
nouă	zece	unsprezece

12

on iki
douăsprezece

13

on üç
treisprezece

14

on dört
paisprezece

15

on beş
cincisprezece

16

on altı
şaisprezece

17

on yedi
şaptesprezece

18

on sekiz
optsprezece

19

on dokuz
nouăsprezece

20

yirmi
douăzeci

100

yüz
o sută

1.000

bin
o mie

1.000.000

milyon
un milion

İngilizce

ingleză

Amerikan İngilizcesi

engleză americană

Çince (Mandarin)

chineza mandarină

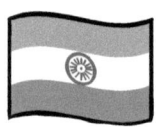

Hintçe

hindi

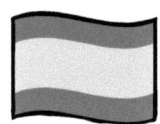

İspanyolca

spaniolă

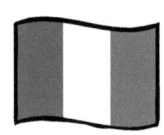

Fransızca

franceză

Arapça

arabă

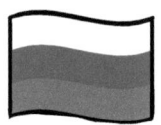

Rusça

rusă

Portekizce

protugheză

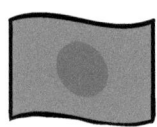

Bengalce

bengaleză

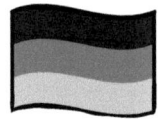

Almanca

germană

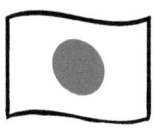

Japonca

japoneză

ben
eu

sen
tu

o
el/ea

biz
noi

siz
voi

onlar
ea

kim?
cine?

ne?
ce?

nasıl?
cum?

nerede?
unde?

ne zaman?
când?

isim
nume

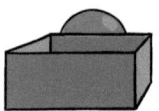

arkasında
în spate

içinde
în

önünde
înainte

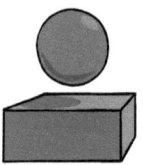

üzerinde
peste

üstünde
pe

altında
sub

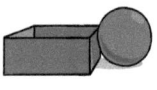

yanında
lângă

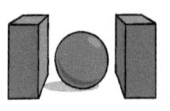

arasında
între

yer
loc